Impressum
Verlag: BABADADA GmbH, Nedderfeld 112 , 22529 Hamburg
Geschäftsführer / Verlagsleitung: Harald Hof
Druck: Books on Demand GmbH, In de Tarpen 42, 22848 Norderstedt

Imprint
Publisher: BABADADA GmbH, Nedderfeld 112 , 22529 Hamburg, Germany
Managing Director / Publishing direction: Harald Hof
Print: Books on Demand GmbH, In de Tarpen 42, 22848 Norderstedt, Germany

escuela

школа

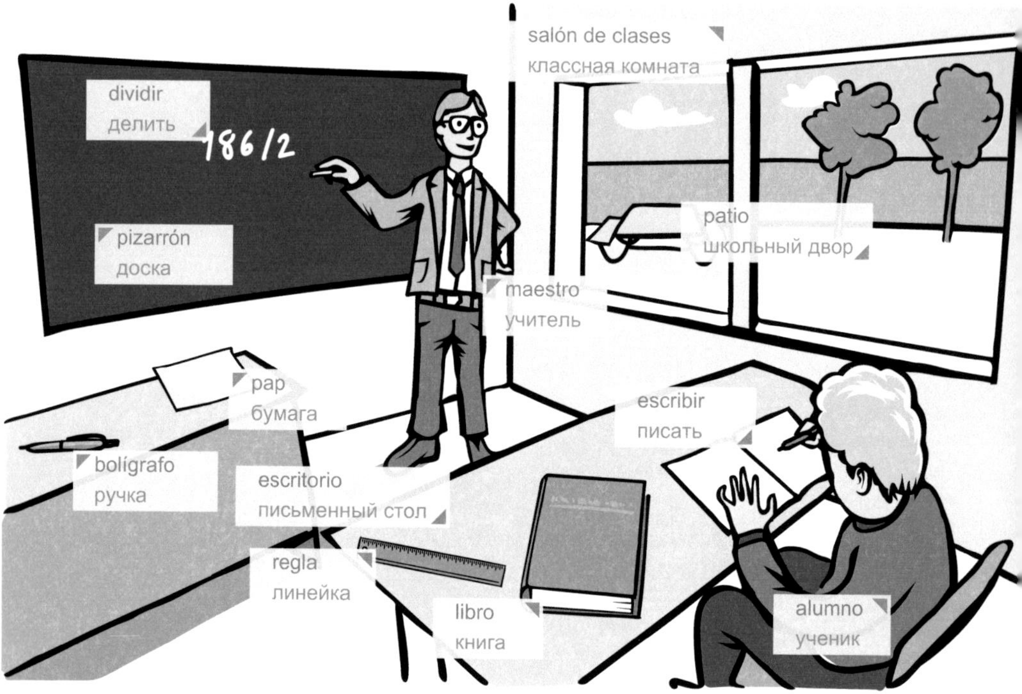
salón de clases
классная комната
dividir
делить
186/2
pizarrón
доска
patio
школьный двор
maestro
учитель
pap
бумага
escribir
писать
bolígrafo
ручка
escritorio
письменный стол
regla
линейка
libro
книга
alumno
ученик

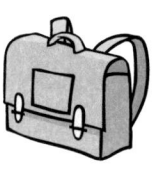

mochila

ранец

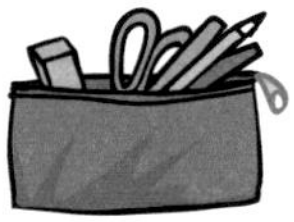

caja de lápices

пенал

lápiz

карандаш

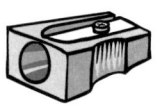

sacapuntas

точилка

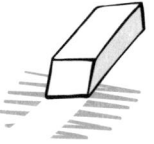

goma de borrar

ластик

bloc de dibujo

альбом для рисования

dibujo

рисунок

pincel

кисточка

caja de lápices de color

коробка красок

tijeras

ножницы

pegamento

клей

libro de ejercicios

тетрадь

tarea

домашняя работа

número

цифра

sumar

прибавлять

restar

вычитать

multiplicar

умножать

calcular

считать

letra

буква

alfabeto

алфавит

palabra

слово

texto

текст

leer

читать

tiza

мел

lección

урок

cuaderno de clase

классный журнал

examen

экзамен

certificado

диплом

uniforme

школьная форма

educación

образование

enciclopedia

энциклопедия

universidad

университет

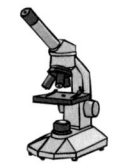

microscopio

микроскоп

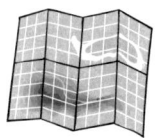

mapa

карта

bote de basura

корзина для бумаг

escuela - школа

viaje

путешествие

hotel
гостиница
Grand
hostel
турбаза
ROOMS
casa de cambio
пункт обмена валюты
EXCHANGE
maleta
чемодан
carro
автомобиль

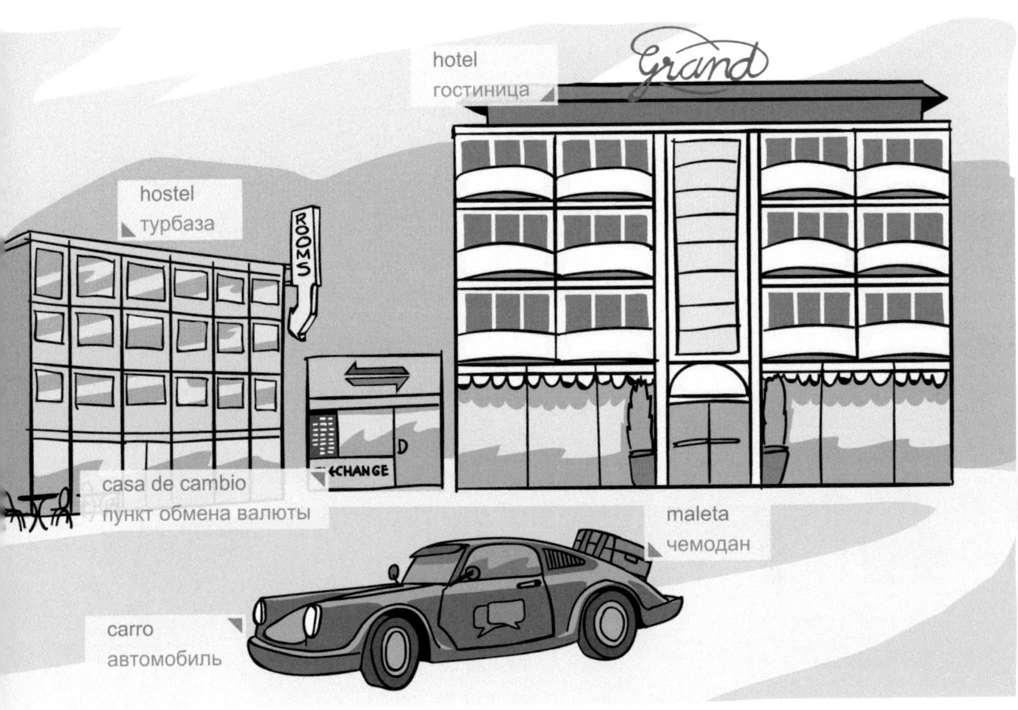

idioma

язык

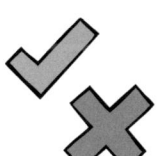

sí / no

да / нет

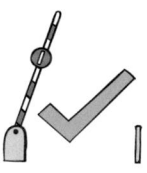

Órale

хорошо

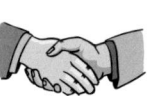

hola

Привет

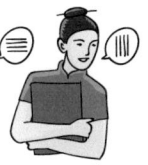

traductor

переводчик

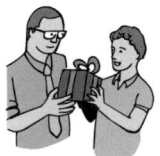

Gracias

Спасибо

¿cuánto cuesta…?

Сколько стоит…?

No entiendo

Я не понимаю

problema

проблема

¡Buenas tardes!

Добрый вечер!

¡Buenos días!

Доброе утро!

¡Buenas noches!

Доброй ночи!

adiós

До свидания

dirección

направление

equipaje

багаж

bolsa

сумка

mochila

рюкзак

invitado

гость

recámara

комната

bolsa de dormir

спальный мешок

tienda de campaña

палатка

viaje - путешествие

información turística

туристическая
информация

playa

пляж

tarjeta de crédito

кредитная карточка

desayuno

завтрак

almuerzo

обед

cena

ужин

billete

билет

ascensor

лифт

sello

почтовая марка

frontera

граница

aduana

таможня

embajada

посольство

visa

виза

pasaporte

паспорт

transporte
транспорт

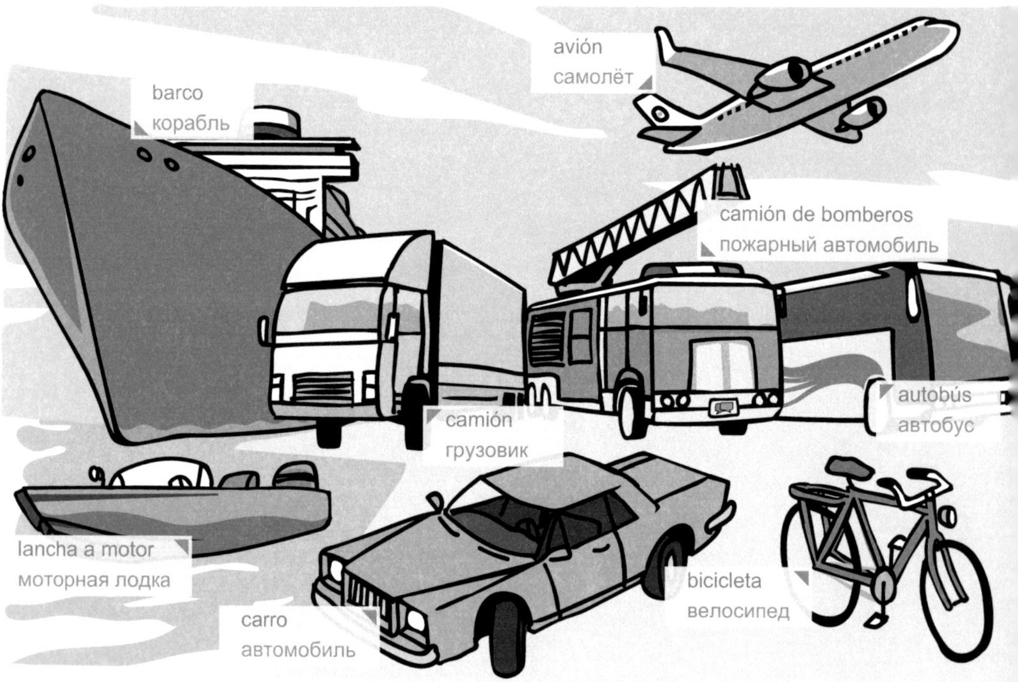
avión
самолёт
barco
корабль
camión de bomberos
пожарный автомобиль
autobús
автобус
camión
грузовик
lancha a motor
моторная лодка
bicicleta
велосипед
carro
автомобиль

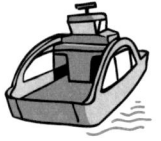

ferry

паром

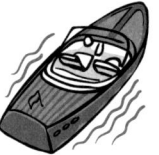

bote

лодка

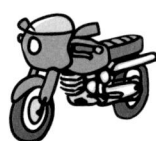

motocicleta

мотоцикл

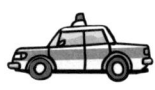

patrulla

полицейский автомобиль

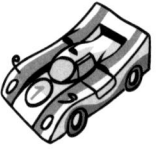

coche de carreras

гоночный автомобиль

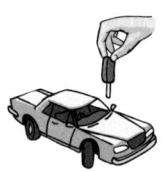

auto para rentar

арендованный автомобиль

renta de autos

совместное пользование
автомобилями

grúa

буксировочный
автомобиль

camión recolector de
basura

мусоровоз

motor

двигатель

gasolina

топливо

gasolinera

заправка

señal de tráfico

дорожный знак

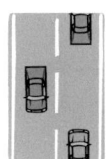

tránsito

движение

embotellamiento

пробка

aparcamiento

автостоянка

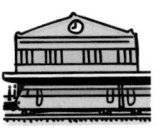

estación de tren

вокзал

vías

рельсы

tren

поезд

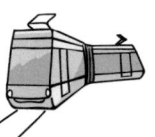

tranvía

трамвай

vagón

вагон

helicóptero

вертолёт

aeropuerto

аэропорт

torre

вышка

pasajero

пассажир

contenedor

контейнер

caja de cartón

коробка

carretilla

тележка

cesta

корзина

despegar / aterrizar

взлетать / приземляться

ciudad

город

pueblo

деревня

centro de ciudad

центр города

casa

дом

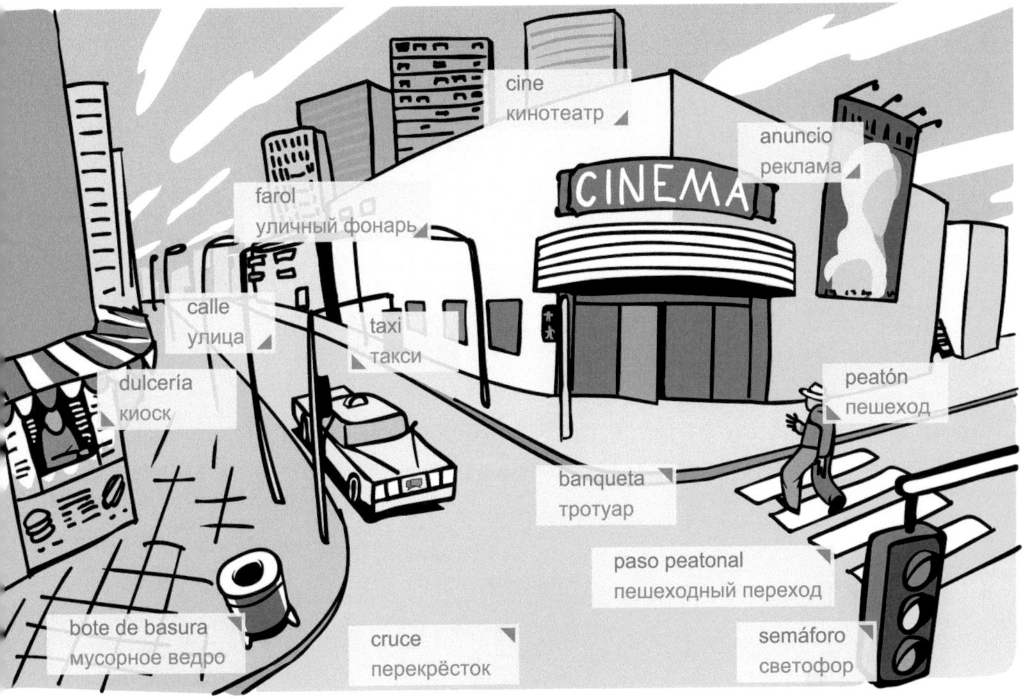

cine
кинотеатр

anuncio
реклама

farol
уличный фонарь

CINEMA

calle
улица

taxi
такси

peatón
пешеход

dulcería
киоск

banqueta
тротуар

paso peatonal
пешеходный переход

bote de basura
мусорное ведро

cruce
перекрёсток

semáforo
светофор

cabaña

хижина

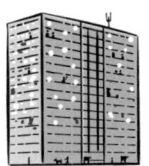

apartamento

квартира

estación de tren

вокзал

ayuntamiento

ратуша

museo

музей

escuela

школа

ciudad - город

universidad

университет

banco

банк

hospital

больница

hotel

гостиница

farmacia

аптека

oficina

офис

librería

книжный магазин

tienda

магазин

florería

цветочный магазин

supermercado

супермаркет

mercado

рынок

grandes tiendas

универмаг

pescadería

торговец рыбой

centro comercial

торговый центр

puerto

порт

parque

парк

banco

скамейка

puente

мост

escaleras

лестница

metro

метро

túnel

тоннель

parada de autobús

автобусная остановка

bar

бар

restaurante

ресторан

buzón

почтовый ящик

letrero

табличка с названием
улицы

parquímetro

паркометр

zoológico

зоопарк

alberca

бассейн

mezquita

мечеть

ciudad - город

granja

ферма

contaminación

загрязнение окружающей среды

cementerio

кладбище

iglesia

церковь

área de niños

детская площадка

templo

храм

paisaje

ландшафт

hoja
лист

señal
дорожный указатель

camino
дорога

pradera
луг

piedra
камень

árbol
дерево

caminante
путешественник

río
река

pasto
трава

flor
цветок

valle

долина

montaña

гора

lago

озеро

bosque

лес

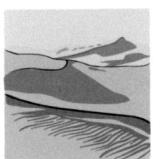

desierto

пустыня

volcán

вулкан

castillo

замок

arco iris

радуга

champiñón

гриб

palmera

пальма

mosquito

комар

mosca

муха

hormiga

муравей

abeja

пчела

araña

паук

escarabajo

жук

rana

лягушка

ardilla

белка

erizo

еж

liebre

заяц

lechuza

сова

pájaro

птица

cisne

лебедь

jabalí

кабан

ciervo

олень

alce

лось

embalse

плотина

turbina eólica

ветряной генератор

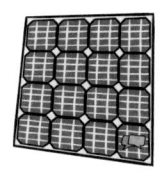

pansolar

солнечная батарея

clima

климат

restaurante
ресторан

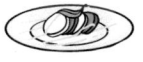

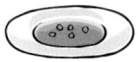

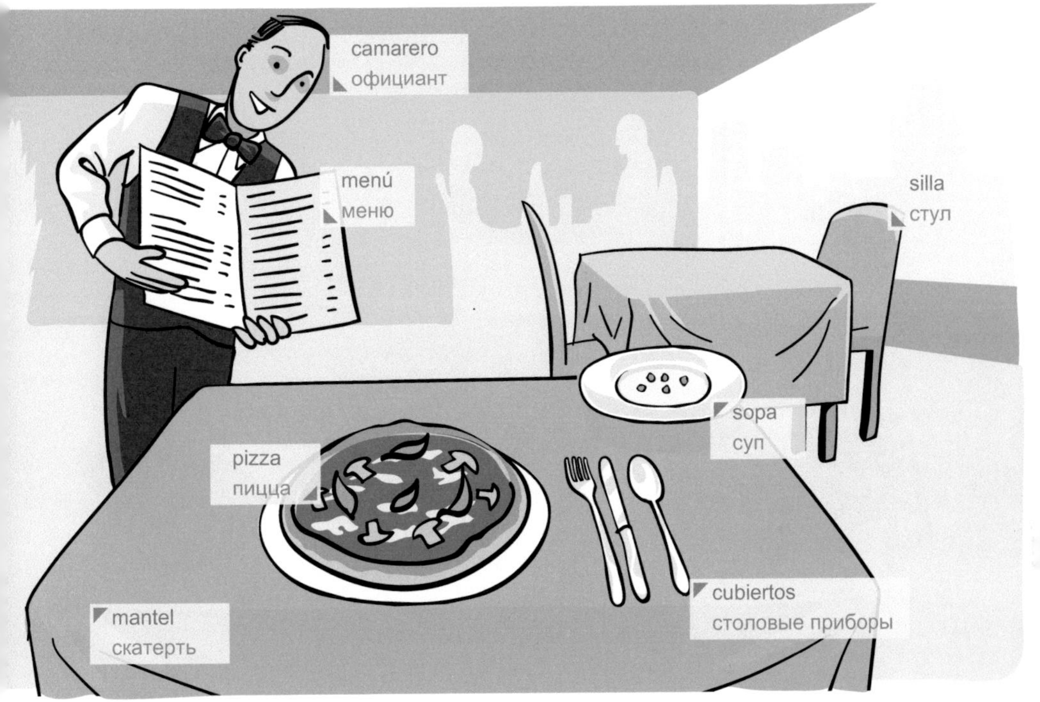
camarero
официант
menú
меню
silla
стул
sopa
суп
pizza
пицца
cubiertos
столовые приборы
mantel
скатерть

entrada

закуска

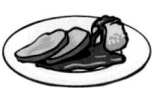

plato fuerte

главное блюдо

postre

десерт

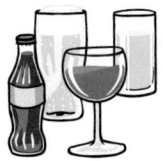

bebidas

напитки

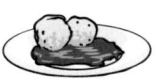

comida

еда

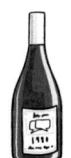

botella

бутылка

comida rápida

фастфуд

comida de calle

уличная еда

tetera

чайник

azucarera

сахарница

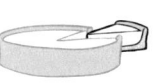

porción

порция

cafetera espresso

кофеварка

periquera

детский стульчик

cuenta

счет

charola

поднос

cuchillo

нож

tenedor

вилка

cuchara

ложка

cuchara de té

чайная ложка

servilleta

салфетка

vaso

стакан

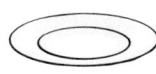

plato

тарелка

plato hondo

суповая тарелка

plato

блюдце

salsa

соус

salero

солонка

molino para pimienta

мельница для перца

vinagre

уксус

aceite

масло

especias

специи

kétchup

кетчуп

mostaza

горчица

mayonesa

майонез

supermercado

супермаркет

oferta especial
специальное предложение
FOR
cliente
покупатель
productos lácteos
молочные продукты
fruta
фрукты
carrito para compras
тележка для покупок

BUTCHERS

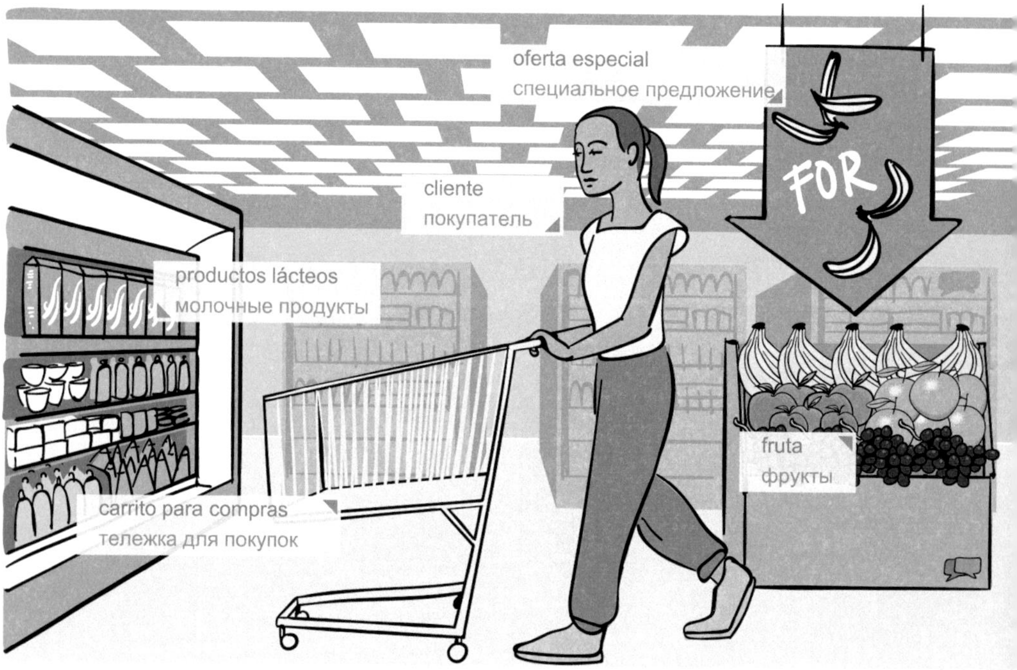

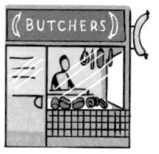

carnicería

мясной магазин

BAKERY

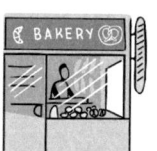

panadería

пекарня

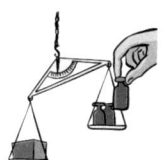

pesar

взвешивать

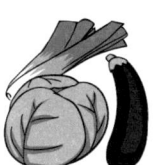

vegetales

овощи

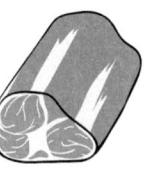

carne

мясо

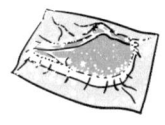

alimentos congelados

быстрозамороженные продукты

carnes frías

нарезка

alimentos enlatados

консервы

detergente en polvo

стиральный порошок

dulces

сладости

electrodomésticos

предмет домашнего обихода

productos de limpieza

моющее средство

vendedora

продавщица

caja

касса

cajero

кассир

lista de compras

список покупок

horario de atención al público

время работы

cartera

бумажник

tarjeta de crédito

кредитная карточка

bolsa

сумка

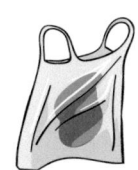

bolsa de plástico

полиэтиленовый пакет

agua

вода

jugo

сок

leche

молоко

refresco de cola

кока-кола

vino

вино

cerveza

пиво

alcohol

алкоголь

cacao

какао

té

чай

café

кофе

espresso

эспрессо

cappuccino

капучино

plátano

банан

manzana

яблоко

naranja

апельсин

melón

арбуз

limón

лимон

zanahoria

морковь

ajo

чеснок

bambú

бамбук

cebolla

лук

champiñón

гриб

nueces

орехи

fideos

лапша

espaguetis

спагетти

arroz

рис

ensalada

салат

patatas fritas

картофель фри

patatas fritas

жареный картофель

pizza

пицца

hamburguesa

гамбургер

emparedado

сэндвич

filete

шницель

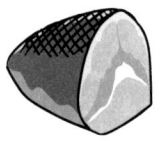

jamón

ветчина

salami

салями

salchicha

колбаса

pollo

курица

asado

жаркое

pescado

рыба

copos de avena

овсяные хлопья

muesli

мюсли

copos de maíz

кукурузные хлопья

harina

мука

cuernito

круассан

bolillo

булочка

pan

хлеб

tostada

тост

galletas

печенье

mantequilla

масло

cuajada

творог

pastel

пирог

huevo

яйцо

huevo frito

яичница

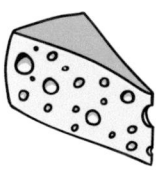

queso

сыр

helado

мороженое

azúcar

сахар

miel

мёд

mermelada

мармелад

crema de chocolate

крем с нугой

curry

карри

granja

ферма

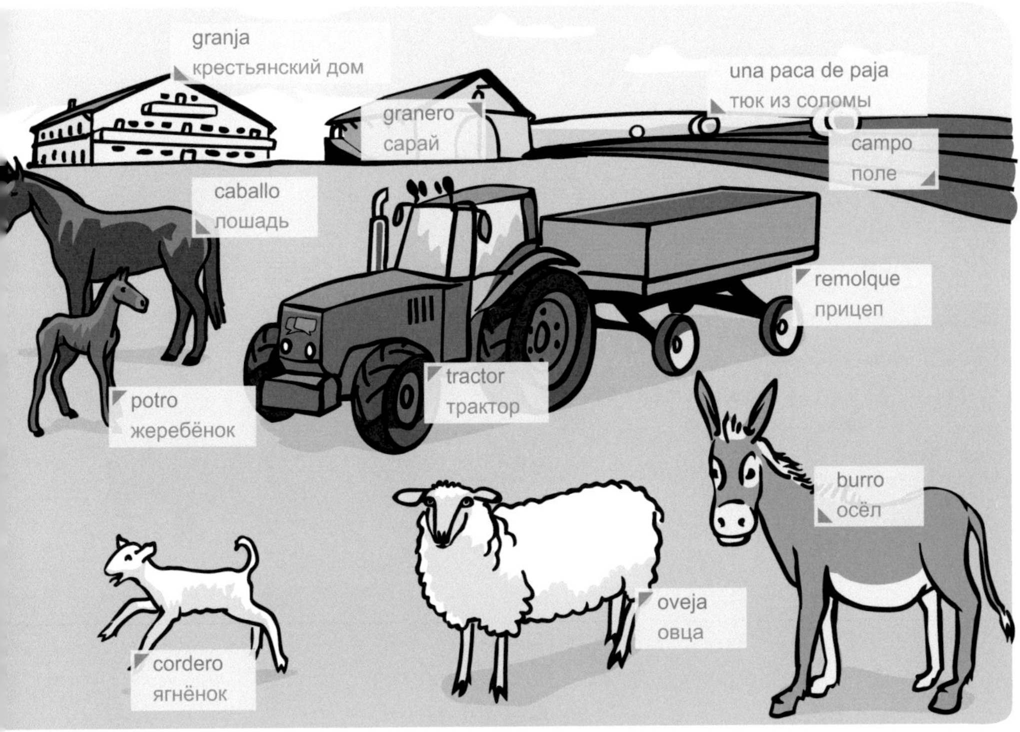
granja
крестьянский дом
granero
сарай
una paca de paja
тюк из соломы
campo
поле
caballo
лошадь
remolque
прицеп
tractor
трактор
potro
жеребёнок
burro
осёл
oveja
овца
cordero
ягнёнок

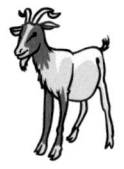

cabra

коза

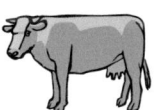

vaca

корова

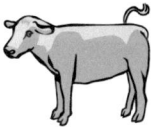

ternero

телёнок

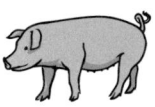

cerdo

свинья

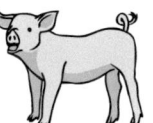

lechón

поросёнок

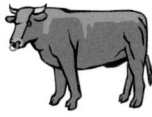

toro

бык

ganso

гусь

pato

утка

pollo

цыплёнок

gallina

курица

gallo

петух

rata

крыса

gato

кошка

ratón

мышь

buey

вол

perro

собака

casa dperro

конура

manguera

садовый шланг

regadera

лейка

guadaña

коса

arado

плуг

hoz

серп

azadón

мотыга

horquilla

навозные вилы

hacha

топор

carretilla

тачка

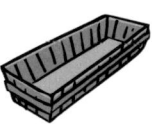

bebedero

корыто

bote de leche

бидон для молока

saco

мешок

valla

забор

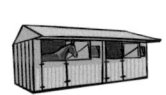

establo

хлев

invernadero

теплица

suelo

почва

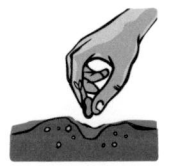

semilla

посев

fertilizador

удобрение

cosechadora

комбайн

cosechar

собирать урожай

cosecha

урожай

camote

ямс

trigo

пшеница

soja

соя

patata

картофель

maíz

кукуруза

semilde colza

рапс

árbol frutal

фруктовое дерево

mandioca

маниок

cereales

злаки

casa

дом

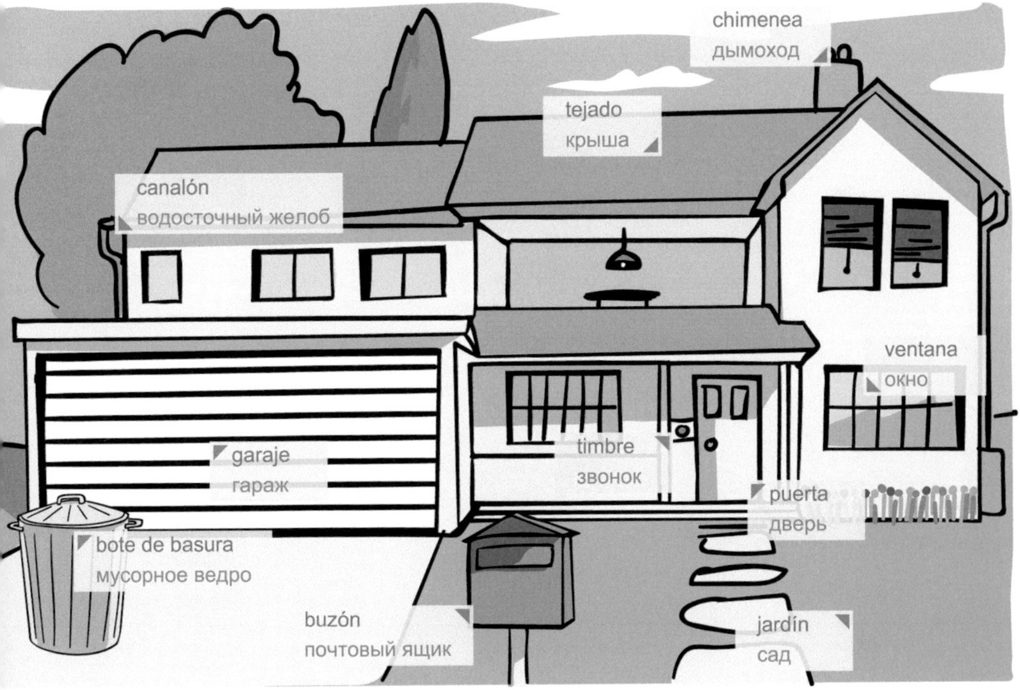
chimenea
дымоход
tejado
крыша
canalón
водосточный желоб
ventana
окно
garaje
гараж
timbre
звонок
puerta
дверь
bote de basura
мусорное ведро
buzón
почтовый ящик
jardín
сад

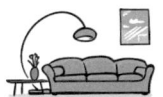

estancia

гостиная

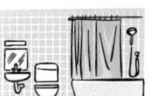

baño

ванная комната

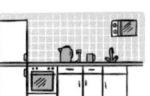

cocina

кухня

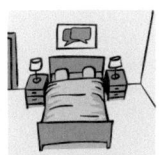

recámara

спальня

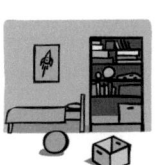

recámara de los niños

детская комната

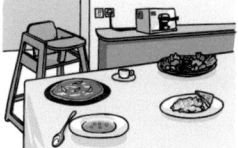

comedor

столовая

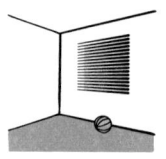

suelo

пол

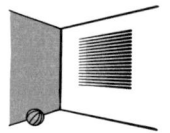

pared

стена

techo

потолок

sótano

подвал

sauna

сауна

balcón

балкон

terraza

терраса

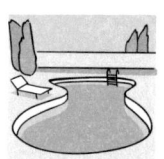

alberca

бассейн

cortacésped

газонокосилка

sábana

пододеяльник

colcha

покрывало

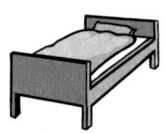

cama

кровать

escoba

метла

balde

ведро

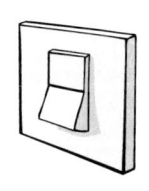

interruptor

выключатель

estancia

гостиная

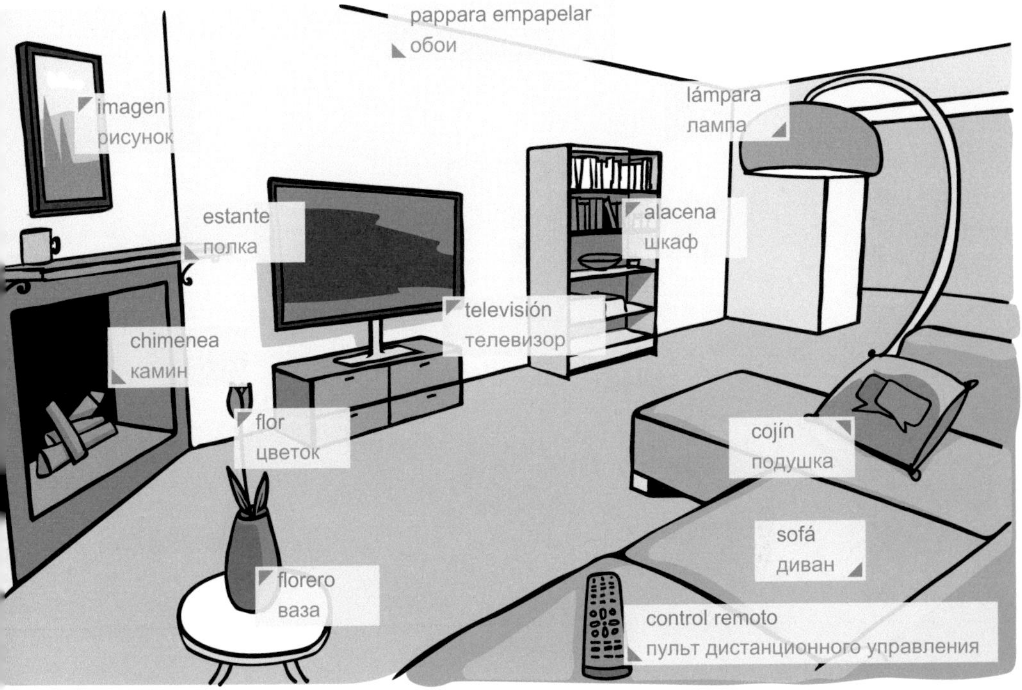
pappara empapelar
обои
imagen
рисунок
lámpara
лампа
estante
полка
alacena
шкаф
televisión
телевизор
chimenea
камин
flor
цветок
cojín
подушка
sofá
диван
florero
ваза
control remoto
пульт дистанционного управления

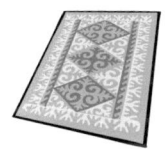

alfombra

ковёр

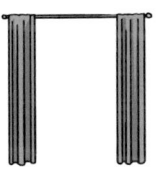

cortina

штора

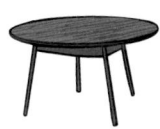

mesa

стол

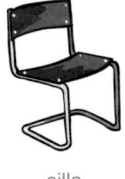

silla

стул

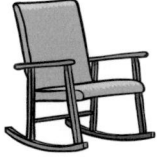

mecedora

кресло-качалка

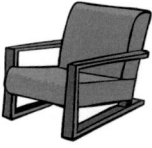

sillón

кресло

libro

книга

frazada

покрывало

decoración

украшение

leña

дрова

película

фильм

equipo de música

стереосистема

llave

ключ

periódico

газета

pintura

картина

póster

плакат

radio

радио

cuaderno

блокнот

aspiradora

пылесос

cactus

кактус

vela

свеча

cocina

кухня

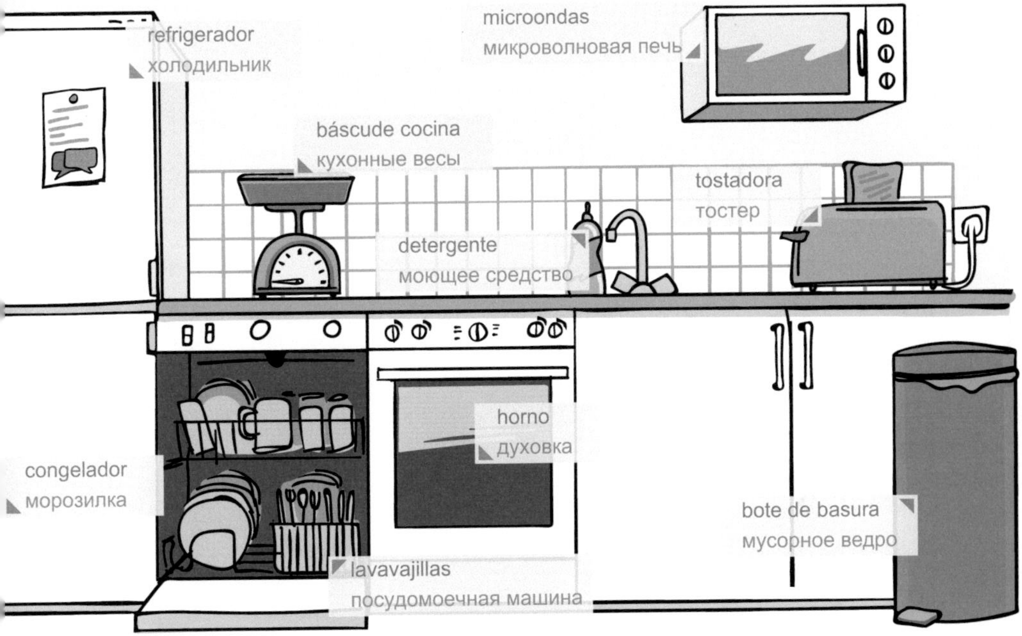

refrigerador
холодильник
microondas
микроволновая печь
báscude cocina
кухонные весы
tostadora
тостер
detergente
моющее средство
horno
духовка
congelador
морозилка
bote de basura
мусорное ведро
lavavajillas
посудомоечная машина

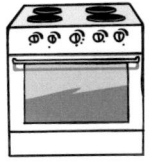

opresión

плита

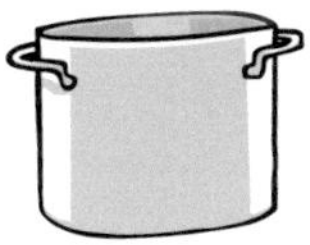

olla

кастрюля

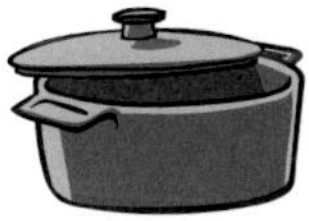

olde hierro fundido

чугунный котелок

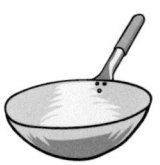

wok

вок / кадай

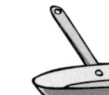

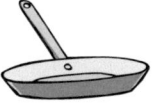

sartén

сковорода

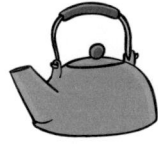

hervidor

чайник

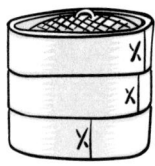

vaporera

пароварка

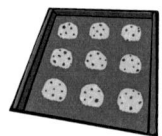

charode horno

противень

loza

посуда

taza

кружка

bol

миска

palillos

палочки для еды

cucharón

половник

espátula

лопатка

batidora

сбивалка

colador

сито

colador

сито

rallador

тёрка

mortero

ступка

barbacoa

гриль

fogata

костёр

tabpara picar

доска

rodillo para amasar

скалка

sacacorchos

штопор

lata

жестяная банка

abrelatas

консервный нож

guante de cocina

прихватка

fregadero

раковина

cepillo

щетка

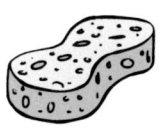

esponja

губка

batidora

миксер

congelador

морозильная камера

biberón

бутылочка для кормления

llave

кран

baño

ванная комната

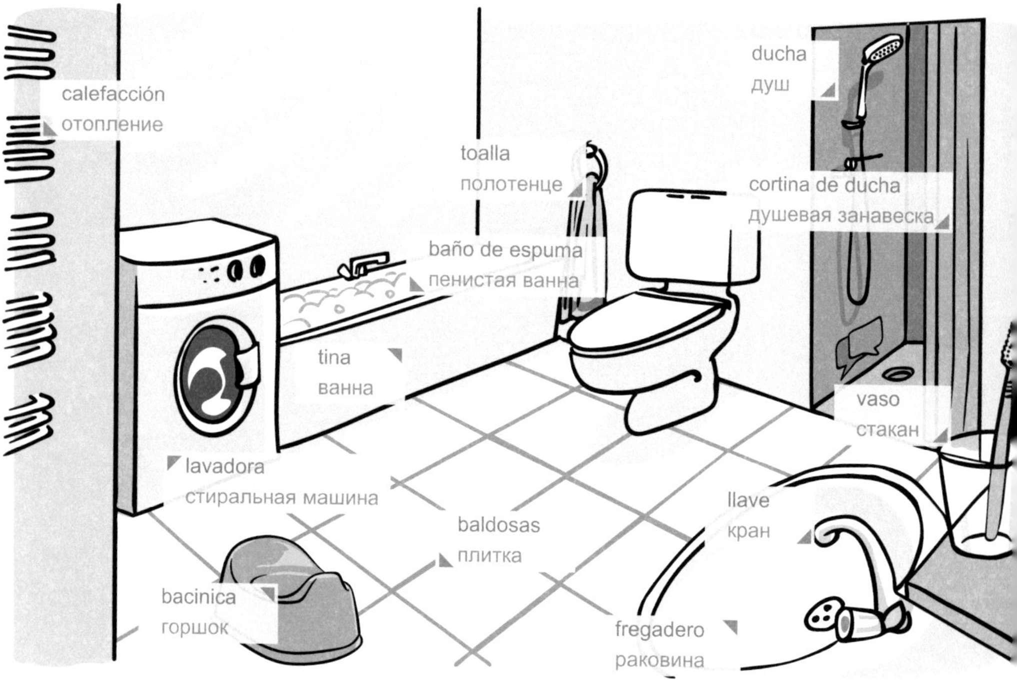

calefacción
отопление
toalla
полотенце
ducha
душ
cortina de ducha
душевая занавеска
baño de espuma
пенистая ванна
tina
ванна
vaso
стакан
lavadora
стиральная машина
llave
кран
baldosas
плитка
bacinica
горшок
fregadero
раковина

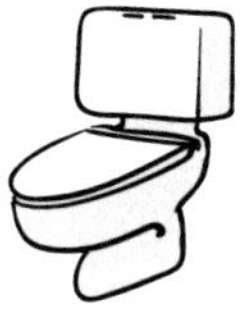

inodoro

туалет

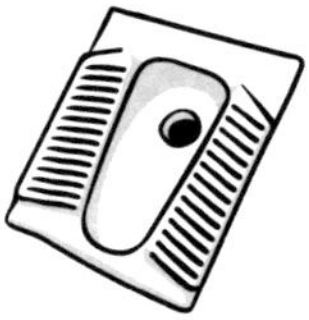

letrina

напольный унитаз

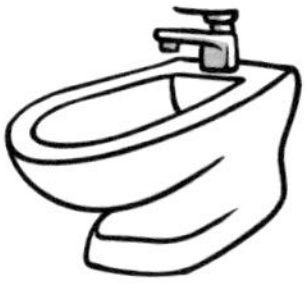

bidé

биде

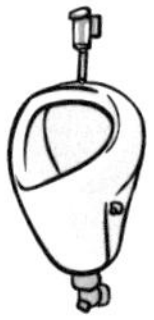

mingitorio

писсуар

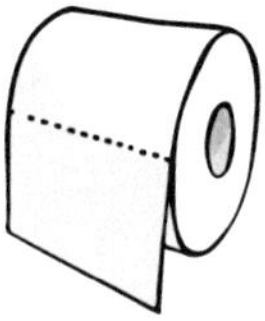

paphigiénico

туалетная бумага

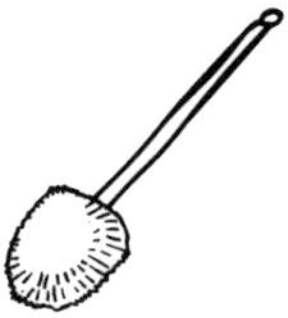

cepillo para baño

сршик

cepillo de dientes

зубная щетка

pasta dental

зубная паста

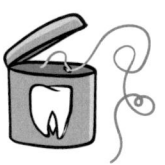

hilo dental

зубная нить

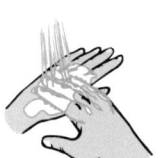

lavar

мыть

ducha de mano

ручной душ

ducha vaginal

интимный душ

fregadero

таз

cepillo de espalda

щетка для спины

jabón

мыло

gde ducha

гель для душа

champú

шампунь

toallita

мочалка

drenaje

сток

crema

крем

desodorante

дезодорант

espejo

зеркало

espejo de tocador

ручное зеркало

máquina para afeitar

бритва

espuma de afeitar

пена для бритья

loción para después de afeitar

лосьон после бритья

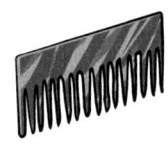

peine

расческа

cepillo

щетка

secadora

фен

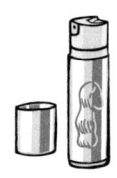

laca

лак для волос

maquillaje

косметика

lápiz labial

губная помада

esmalte para uñas

лак для ногтей

algodón

вата

tijeras para uñas

маникюрные ножницы

perfume

духи

baño - ванная комната

estuche para cosméticos

косметичка

taburete

табуретка

báscula

весы

bata

халат

guantes de goma

резиновые перчатки

tampón

тампон

toalsanitaria

гигиеническая прокладка

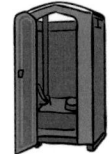

baño móvil

биотуалет

recámara de los niños
детская комната

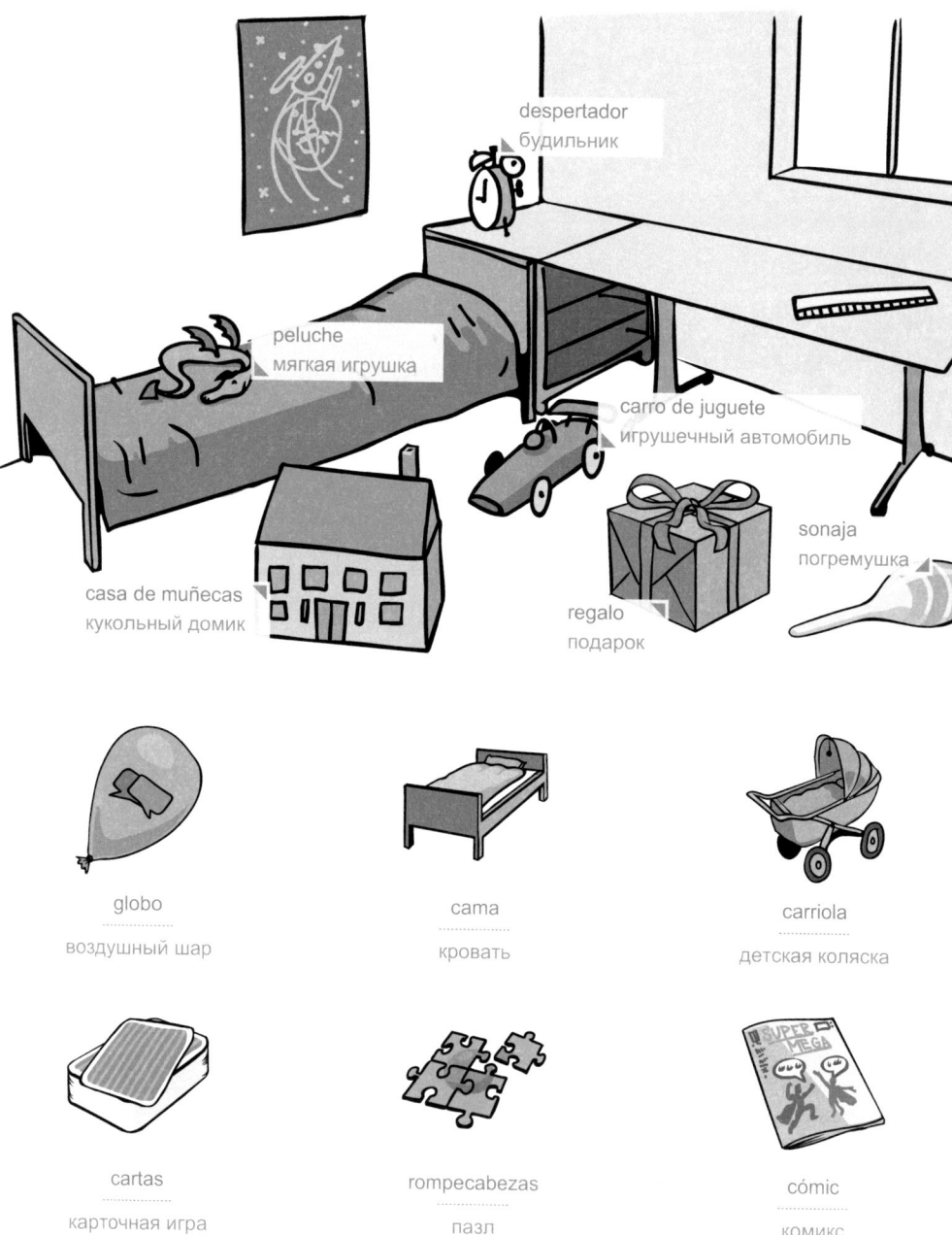

despertador
будильник

peluche
мягкая игрушка

carro de juguete
игрушечный автомобиль

sonaja
погремушка

casa de muñecas
кукольный домик

regalo
подарок

globo
воздушный шар

cama
кровать

carriola
детская коляска

cartas
карточная игра

rompecabezas
пазл

cómic
комикс

42

piezas de lego

кирпичики Лего

bloques para jugar

кубики

figura de acción

игрушечная фигурка

mameluco

ползунки

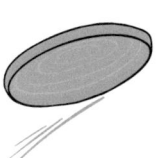

frisbee

фрисби

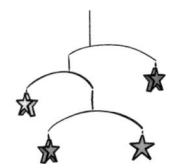

móvil para bebés

мобиле

juego de mesa

настольная игра

dados

кубик

tren eléctrico

модель железной дороги

maniquí

соска

fiesta

вечеринка

álbum de fotos

книга с картинками

balón

мяч

muñeca

кукла

jugar

играть

arenero

песочница

columpio

качели

juguetes

игрушка

consode videojuegos

игровая приставка

triciclo

трёхколесный велосипед

oso de peluche

плюшевый медвежонок

clóset

шкаф для одежды

ropa

одежда

calcetines

носки

pantimedias

чулки

mallas

колготки

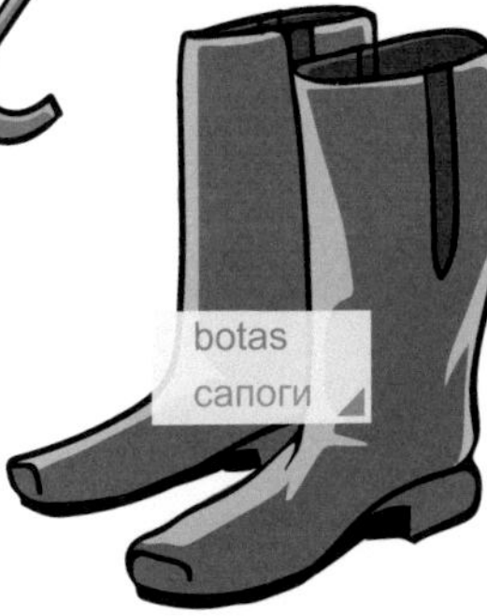

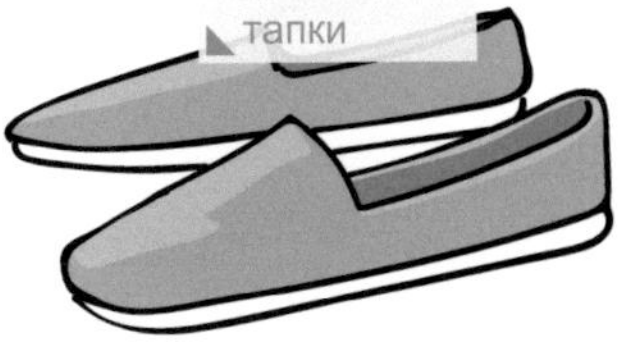

bufanda
шарф

paraguas
зонтик

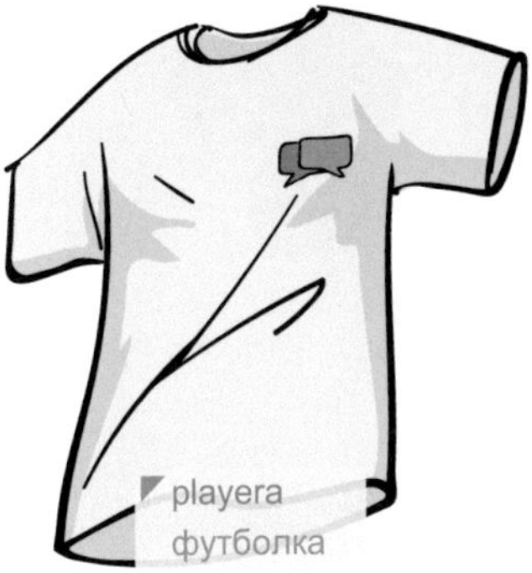

playera
футболка

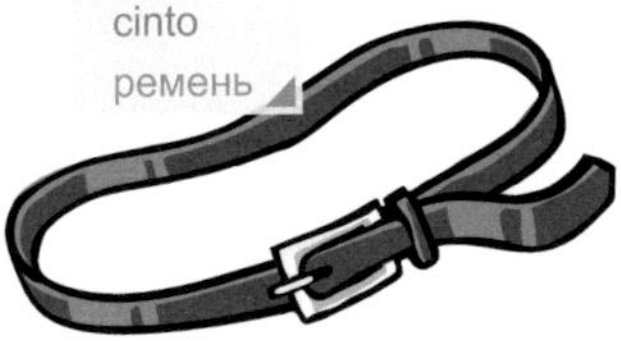

cinto
ремень

botas
сапоги

chanclas
тапки

tenis
кроссовки

sandalias
....
сандалии

zapatos
....
ботинки

botas de goma
....
резиновые сапоги

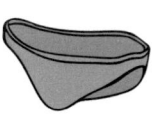

ropa interior
....
трусы

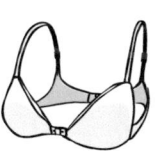

brasier
....
бюстгальтер

chaleco
....
майка

body

боди

pantalones

брюки

pantalones de mezclilla

джинсы

falda

юбка

blusa

блузка

camisa

рубашка

suéter

свитер

sudadera

свитер

saco sport

спортивная куртка

chamarra

жакет

abrigo

пальто

impermeable

плащ

traje

костюм

vestido

платье

vestido de novia

свадебное платье

ropa - одежда

traje

мужской костюм

camisón

ночная сорочка

pijama

пижама

sari

сари

pañuelo para cabeza

платок

turbante

тюрбан

burka

паранджа

caftán

кафтан

abaya

абайя

traje de baño

купальник

short de baño

плавки

shorts

шорты

pants

спортивный костюм

delantal

фартук

guantes

перчатки

ropa - одежда

botón

пуговица

gafas

очки

brazalete

браслет

collar

цепочка

anillo

кольцо

arete

серьга

gorra

шапка

gancho

вешалка

sombrero

шляпа

corbata

галстук

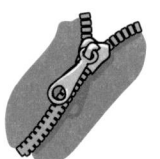

cierre

застежка молния

casco

шлем

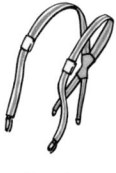

tirantes

подтяжки

uniforme

школьная форма

uniforme

форма

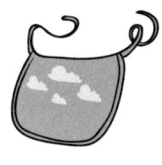

babero

детский нагрудник

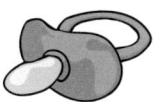

maniquí

соска

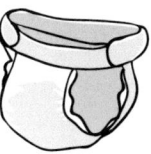

pañal

подгузник

oficina

офис

servidor
сервер
archivo
канцелярский шкаф
impresora
принтер
pap
бумага
monitor
монитор
mouse
мышь
escritorio
письменный стол
carpeta
папка
teclado
клавиатура
silla
стул
bote de basura
корзина для бумаг
computadora
компьютер

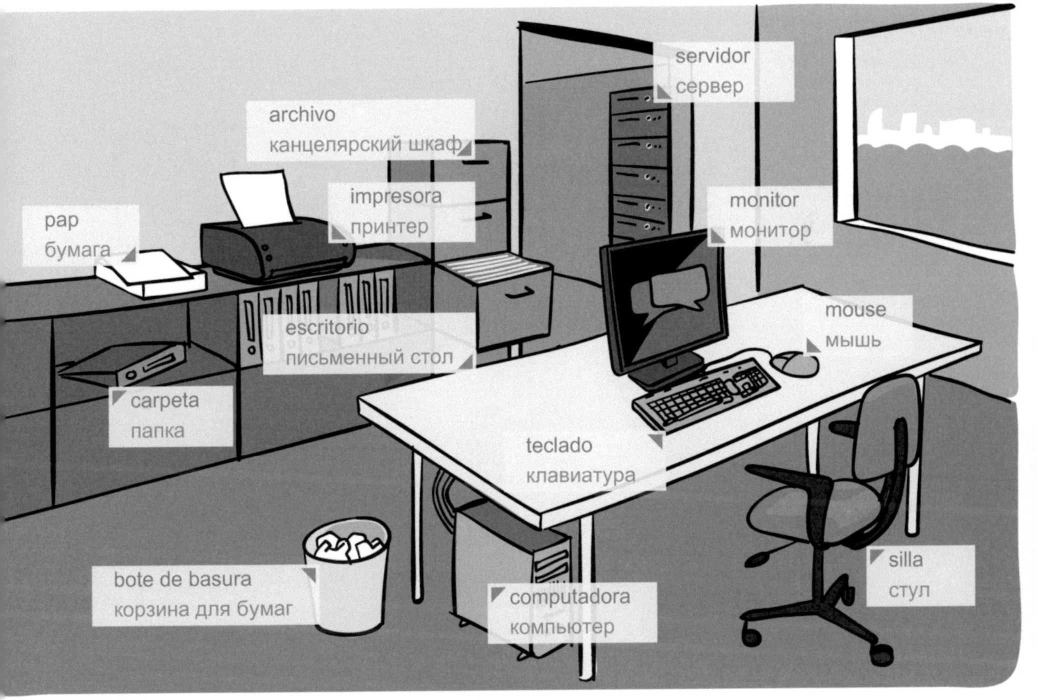

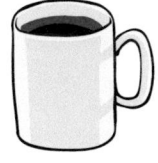

taza de café

кофейная кружка

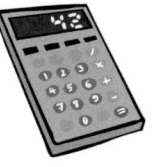

calculadora

калькулятор

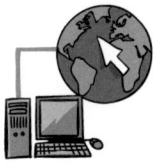

internet

интернет

notebook

ноутбук

carta

письмо

mensaje

сообщение

móvil

мобильный телефон

red

сеть

fotocopiadora

ксерокс

software

программа

teléfono

телефон

tomacorriente

розетка

fax

факс

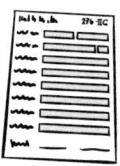

formulario

формуляр

documento

документ

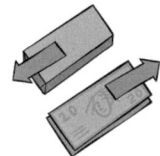

comprar

покупать

pagar

платить

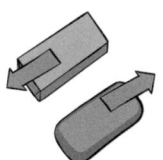

hacer negocios

торговать

dinero

деньги

USD

dólar

доллар

EUR

euro

евро

JPY

yen

иена

RUB

rublo

рубль

CHF

franco suizo

франк

CNY

yuan

жэньминьби юань

INR

rupia

рупия

cajero automático

банкомат

casa de cambio

пункт обмена валюты

oro

золото

plata

серебро

petróleo

нефть

energía

энергия

precio

цена

contrato

договор

impuesto

налог

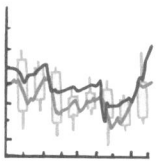

acción

акция

trabajar

работать

empleado

служащий

empleador

работодатель

fábrica

фабрика

tienda

магазин

ocupaciones
профессии

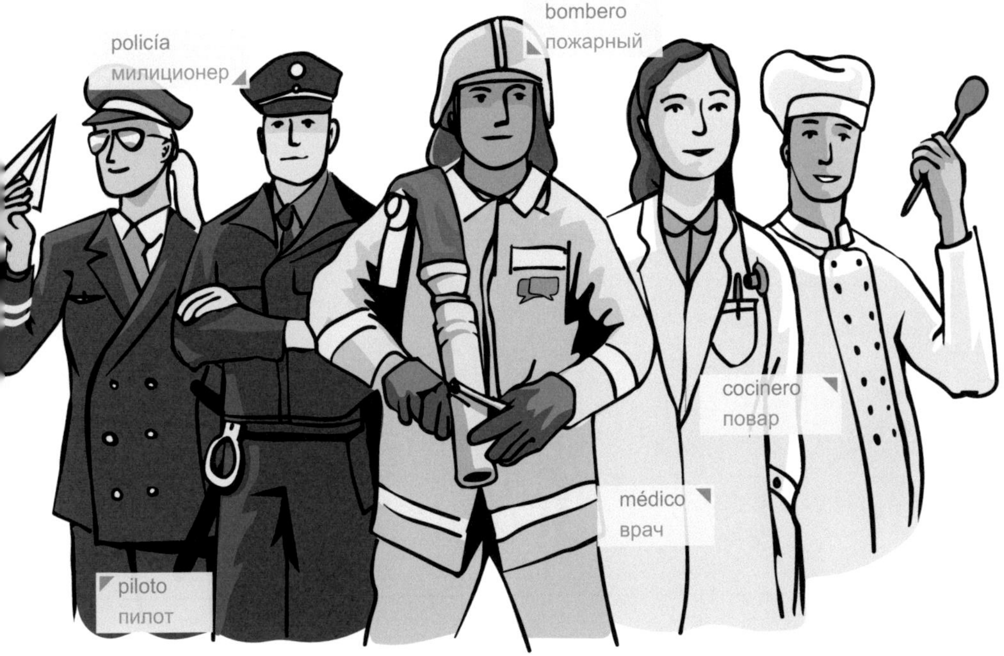

bombero
пожарный
policía
милиционер
cocinero
повар
médico
врач
piloto
пилот

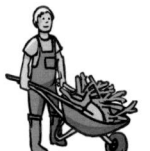

jardinero

садовник

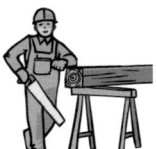

carpintero

столяр

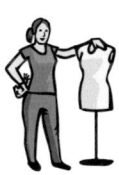

costurera

швея

juez

судья

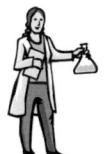

farmacéutico

химик

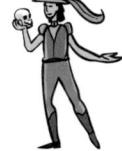

actor

актёр

conductor de autobús

водитель автобуса

taxista

таксист

pescador

рыбак

señora de limpieza

уборщица

instalador de techos

кровельщик

camarero

официант

cazador

охотник

pintor

художник

panadero

пекарь

electricista

электрик

obrero

строитель

ingeniero

инженер

carnicero

мясник

plomero

сантехник

cartero

почтальон

soldado

солдат

arquitecto

архитектор

cajero

кассир

florista

флорист

peluquero

парикмахер

cobrador

кондуктор

mecánico

механик

capitán

капитан

dentista

зубной врач

científico

ученый

rabino

раввин

imán

имам

monje

монах

sacerdote

священник

herramientas

инструменты

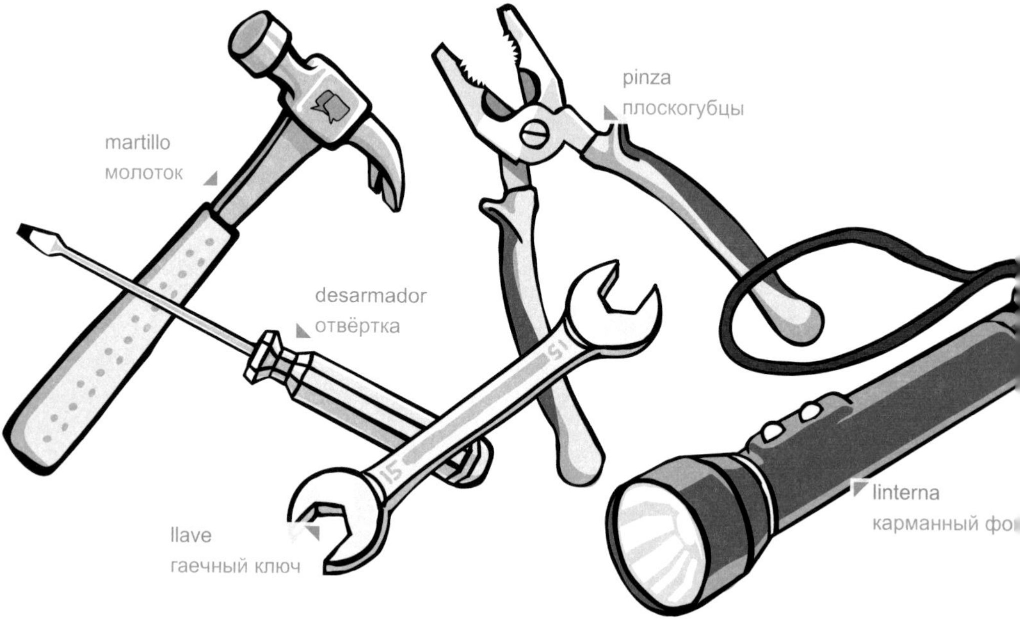
pinza
плоскогубцы
martillo
молоток
desarmador
отвёртка
llave
гаечный ключ
linterna
карманный фо

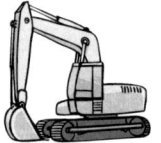

excavadora

экскаватор

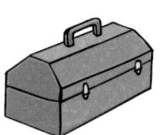

caja de herramientas

ящик для инструментов

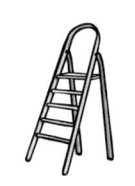

escalera de mano

стремянка

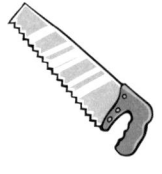

sierra

пила

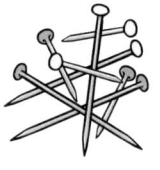

clavos

гвозди

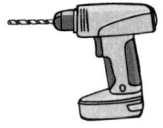

taladro

дрель

reparar

ремонтировать

pala

лопата

¡Maldición!

Блин!

recogedor

совок

bote de pintura

ведро с краской

tornillos

винты

instrumentos musicales
музыкальные инструменты

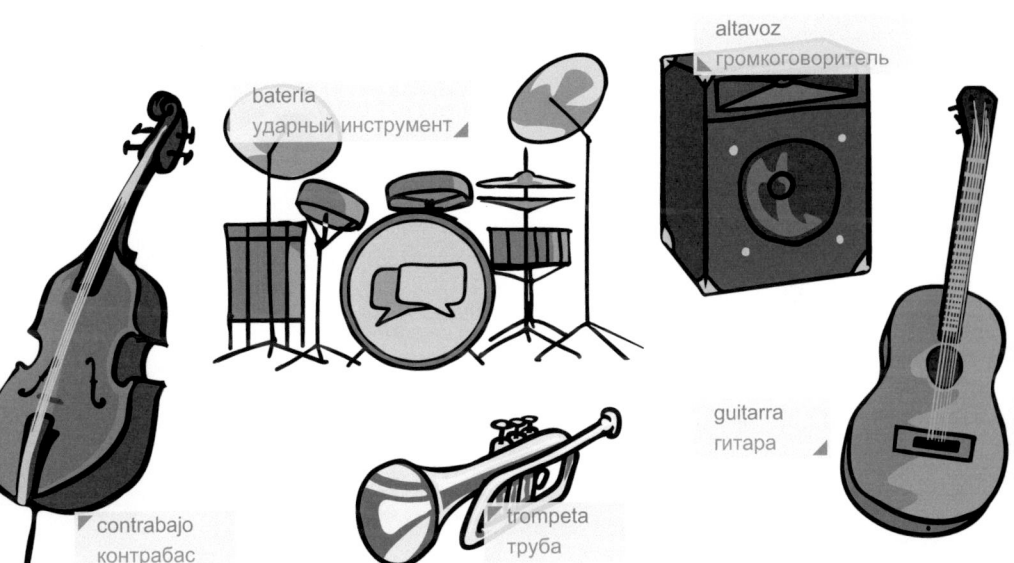

batería
ударный инструмент

altavoz
громкоговоритель

guitarra
гитара

contrabajo
контрабас

trompeta
труба

piano

пианино

violín

скрипка

bajo

бас-гитара

timbales

литавры

tambor

барабан

teclado

синтезатор

saxofón

саксофон

flauta

флейта

micrófono

микрофон

instrumentos musicales - музыкальные инструменты

zoológico
зоопарк

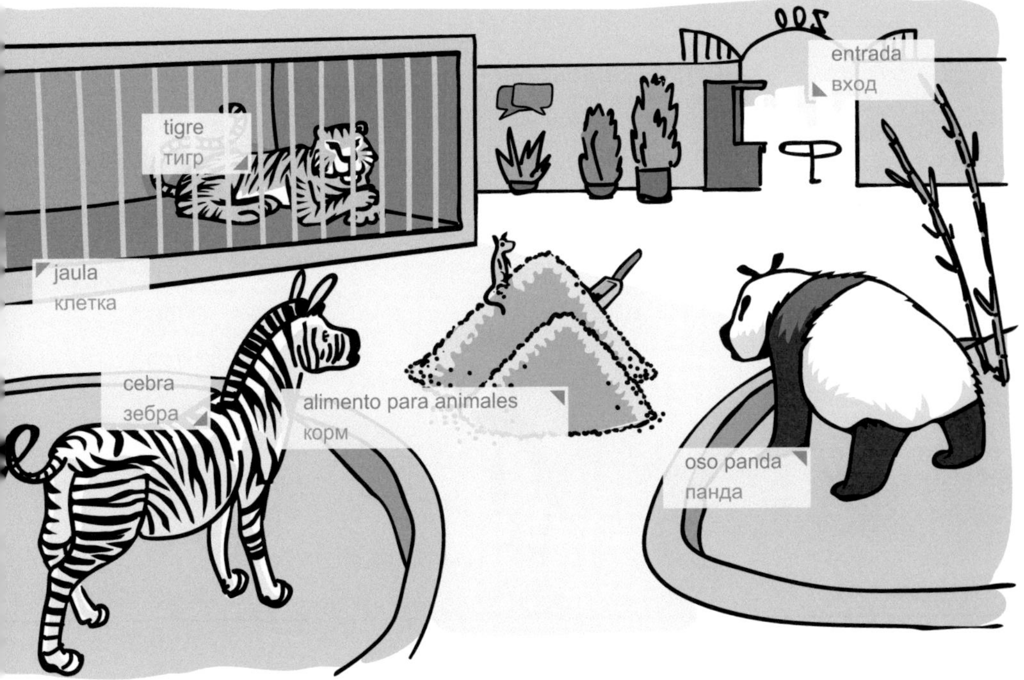

tigre
тигр
entrada
вход
jaula
клетка
cebra
зебра
alimento para animales
корм
oso panda
панда

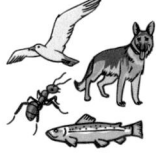

animales

животные

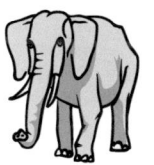

elefante

слон

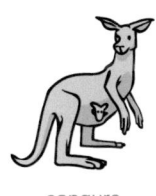

canguro

кенгуру

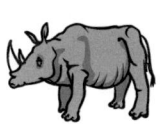

rinoceronte

носорог

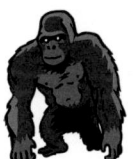

gorila

горилла

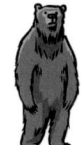

oso

медведь

camello

верблюд

avestruz

страус

león

лев

mono

обезьяна

flamenco

фламинго

loro

попугай

oso polar

белый медведь

pingüino

пингвин

tiburón

акула

pavo real

павлин

serpiente

змея

cocodrilo

крокодил

guardián de zoológico

служитель зоопарка

foca

тюлень

jaguar

ягуар

poni

пони

leopardo

леопард

hipopótamo

бегемот

jirafa

жираф

águila

орёл

jabalí

кабан

pescado

рыба

tortuga

черепаха

morsa

морж

zorro

лиса

gacela

газель

fútbol americano
американский футбол

ciclismo
езда на велосипеде

tenis
теннис

baloncesto
баскетбол

natación
плавание

boxeo
бокс

hockey sobre hielo
хоккей

fútbol
футбол

bádminton
бадминтон

atletismo
лёгкая атлетика

handball
гандбол

esquí
лыжный спорт

polo
поло

actividades

действия

reír
смеяться
saltar
прыгать
abrazar
обнимать
caminar
идти
cantar
петь
soñar
мечтать
rezar
молиться
besar
целовать

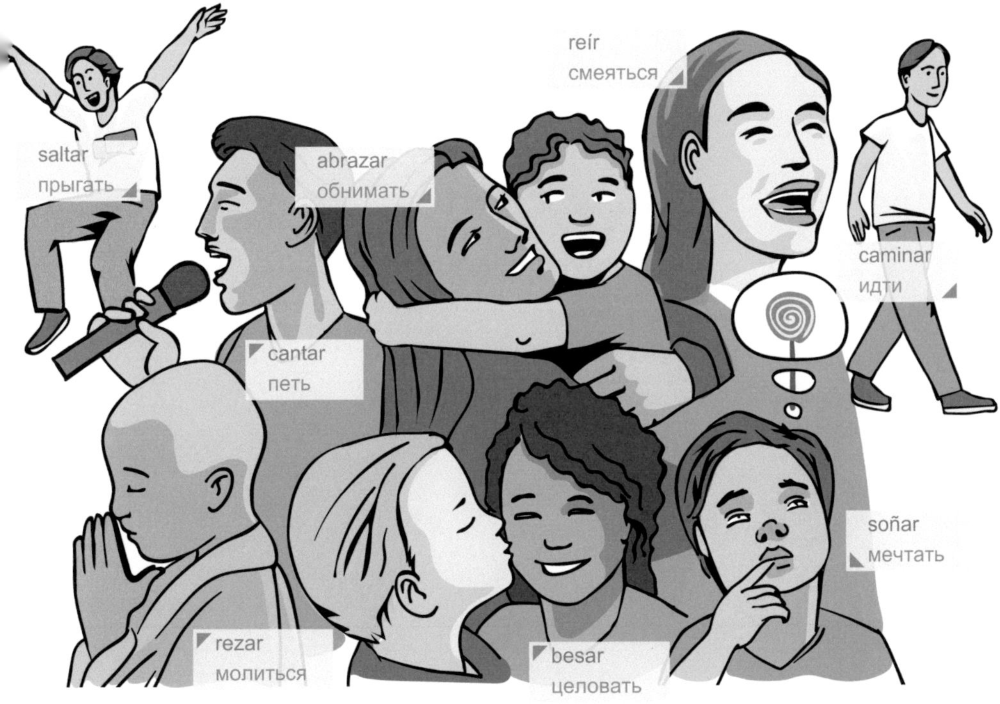

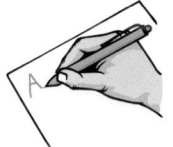

escribir

писать

dibujar

рисовать

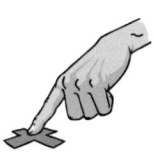

mostrar

показывать

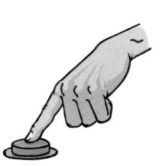

empujar

нажимать

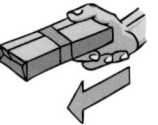

dar

давать

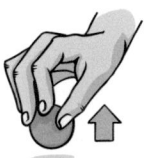

tomar

брать

tener
иметь

hacer
делать

ser
быть

estar parado
стоять

correr
бежать

jalar
тянуть

arrojar
бросать

caer
падать

estar acostado
лежать

esperar
ждать

llevar
носить

estar sentado
сидеть

vestirse
надевать

dormir
спать

despertar
просыпаться

mirar

рассматривать

llorar

плакать

acariciar

гладить

peinar

причесывать

hablar

говорить

entender

понимать

preguntar

спрашивать

escuchar

слушать

beber

пить

comer

кушать

ordenar

наводить порядок

amar

любить

cocinar

готовить

conducir

ехать

volar

летать

actividades - действия

navegar

ходить под парусом

calcular

считать

leer

читать

aprender

учиться

trabajar

работать

casarse

вступать в брак

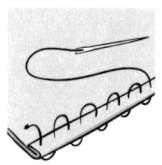

coser

шить

cepillarse los dientes

чистить зубы

matar

убивать

fumar

курить

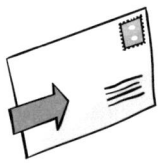

enviar

отправлять

familia
семья

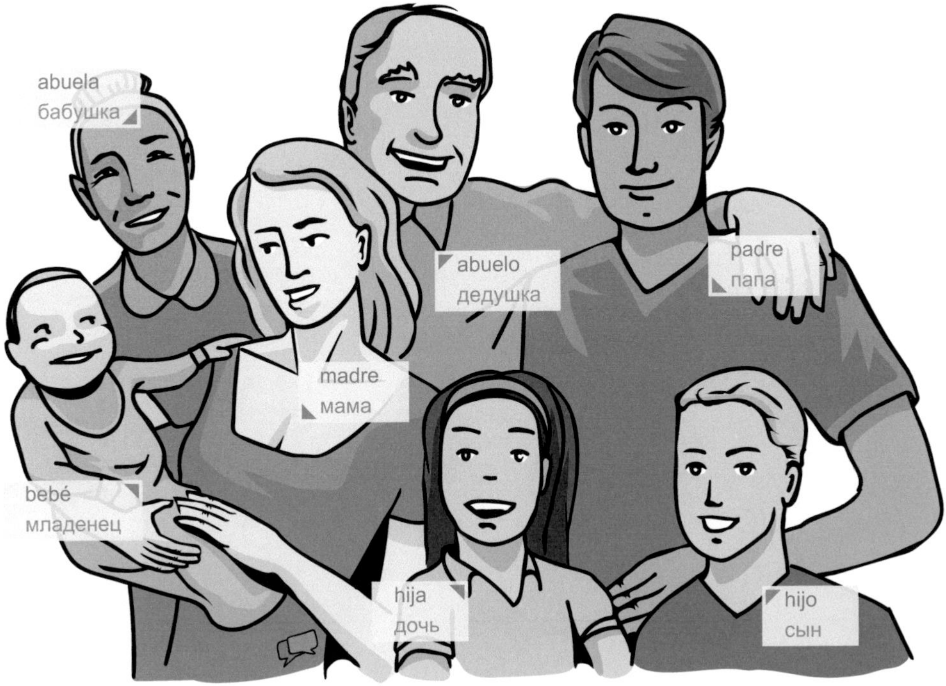
abuela
бабушка
abuelo
дедушка
padre
папа
madre
мама
bebé
младенец
hija
дочь
hijo
сын

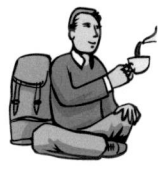

invitado

гость

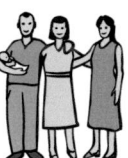

tía

тетя

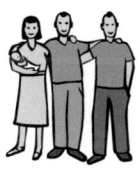

tío

дядя

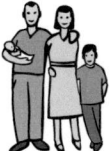

hermano

брат

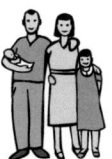

hermana

сестра

cuerpo

тело

frente
лоб
ojo
глаз
hombro
плечо
dedo
палец
cara
лицо
barbilla
подбородок
mano
кисть
pecho
грудь
pierna
нога
brazo
рука

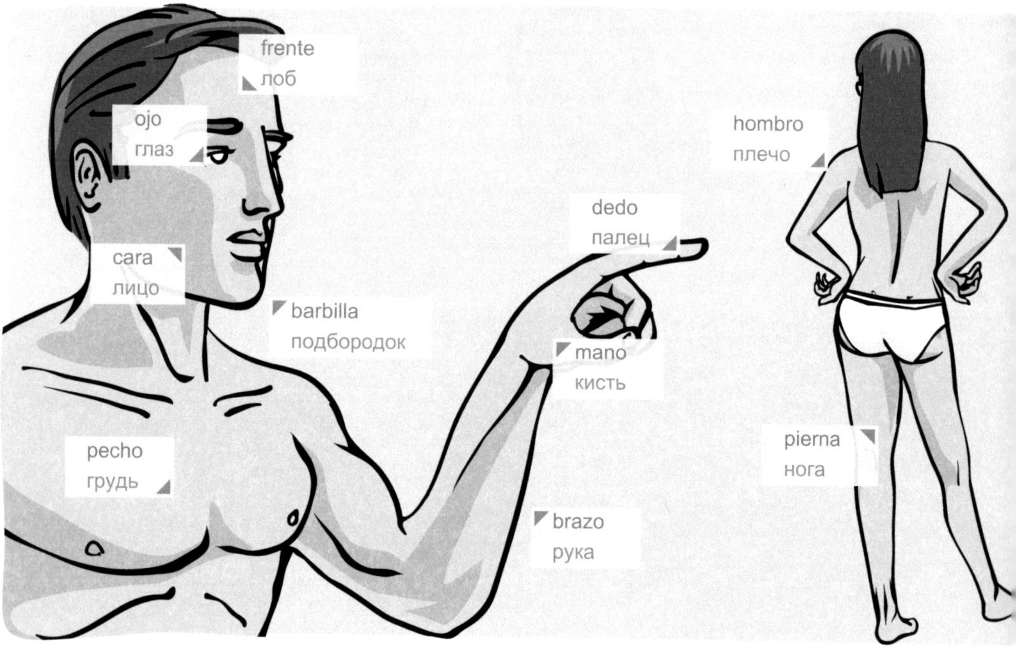

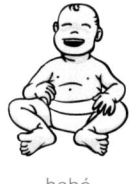

bebé

младенец

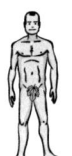

hombre

мужчина

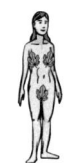

mujer

женщина

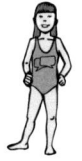

niña

девочка

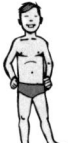

niño

мальчик

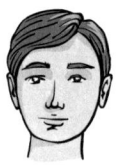

cabeza

голова

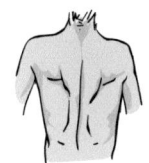

espalda

спина

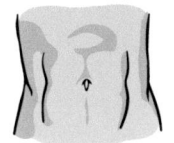

barriga

живот

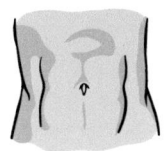

ombligo

пупок

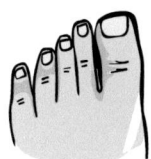

dedo dpie

палец ноги

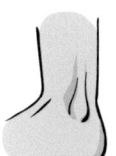

talón

пятка

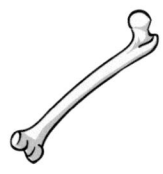

hueso

кость

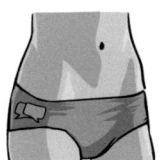

cadera

бедро

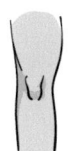

rodilla

колено

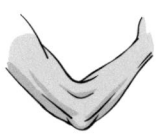

codo

локоть

nariz

нос

pompis

ягодицы

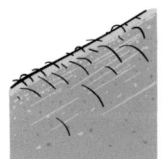

piel

кожа

mejilla

щека

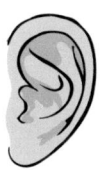

oído

ухо

labio

губа

boca

рот

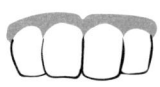

diente

зуб

lengua

язык

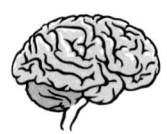

cerebro

мозг

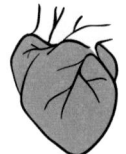

corazón

сердце

músculo

мышца

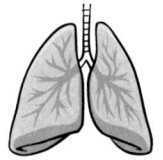

pulmón

лёгкое

hígado

печень

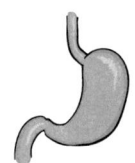

estómago

желудок

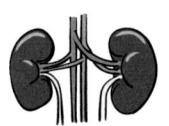

riñones

почки

sexo

половой акт

condón

презерватив

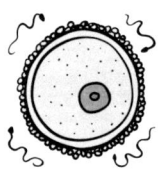

óvulo

яйцеклетка

semen

сперма

embarazo

беременность

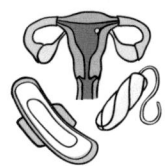

menstruación

менструация

vagina

вагина

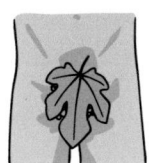

pene

пенис

ceja

бровь

cabello

волосы

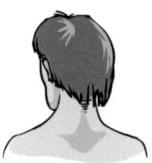

cuello

шея

cuerpo - тело

71

hospital
больница

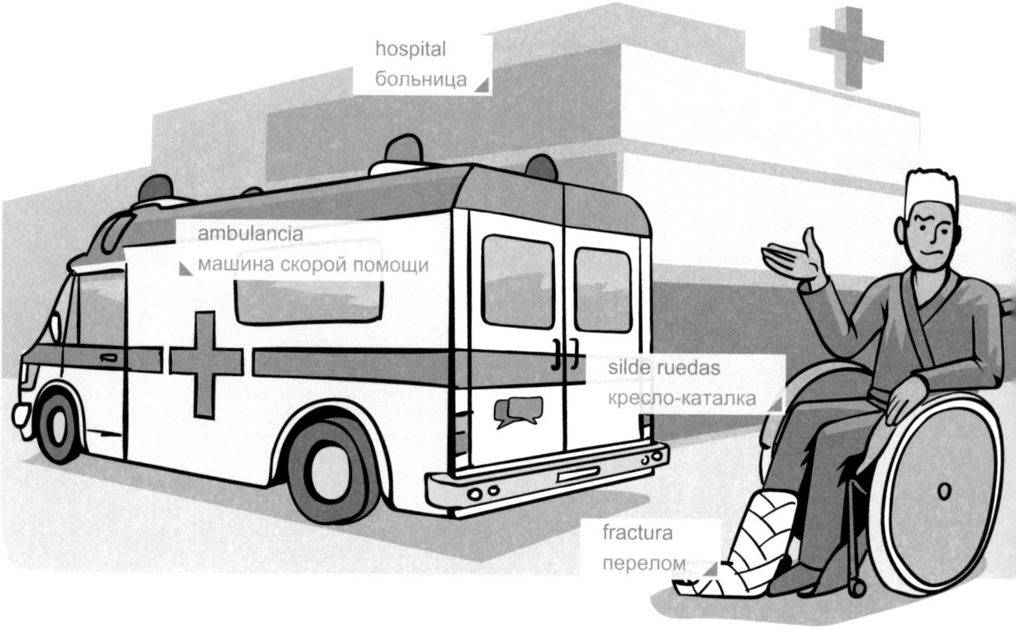

hospital
больница
ambulancia
машина скорой помощи
silde ruedas
кресло-каталка
fractura
перелом

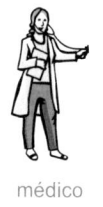

médico

врач

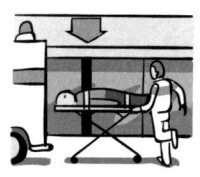

sade emergencias

пункт первой помощи

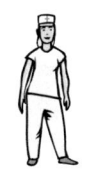

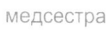

enfermera

медсестра

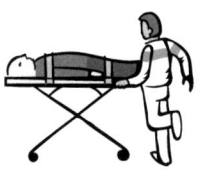

emergencia

неотложный случай

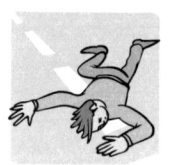

inconsciente

без сознания

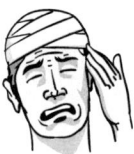

dolor

боль

lesión

повреждение

hemorragia

кровотечение

infarto

инфаркт

accidente cerebrovascular

инсульт

alergia

аллергия

tos

кашель

fiebre

повышенная температура

gripa

грипп

diarrea

понос

dolor de cabeza

головная боль

cáncer

рак

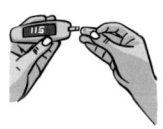

diabetes

диабет

cirujano

хирург

bisturí

скальпель

operación

операция

TC
КТ

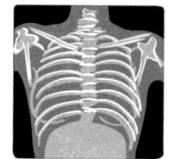

rayos x
рентген

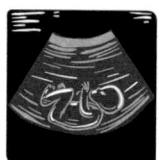

ultrasonido
ультразвук

mascarilla
маска

enfermedad
болезнь

sade espera
приёмная

muleta
костыль

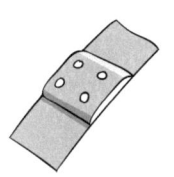

vendita
пластырь

vendaje
бинт

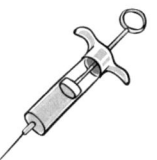

inyección
укол

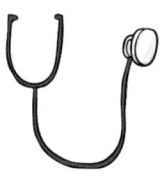

estetoscopio
стетоскоп

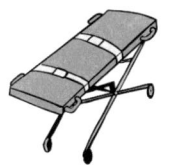

camilla
носилки

termómetro
термометр

nacimiento
рождение

sobrepeso
избыточный вес

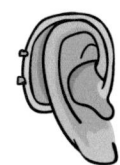

audífono

слуховой аппарат

desinfectante

дезинфекционное
средство

infección

инфекция

virus

вирус

VIH / SIDA

ВИЧ / СПИД

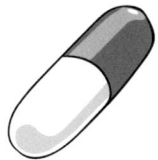

medicina

лекарство

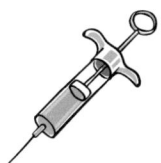

vacunación

прививка

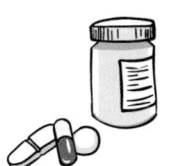

tabletas

таблетки

pastilanticonceptiva

противозачаточная
таблетка

llamada de emergencia

экстренный вызов

medidor de presión

прибор для измерения
кровяного давления

enfermo / sano

больной / здоровый

¡Socorro!

Помогите!

alarma

сигнал тревоги

agresión

нападение

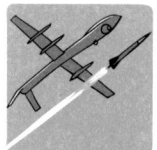

ataque

атака

peligro

опасность

salida de emergencia

запасной выход

¡Fuego!

Пожар!

extintor de incendios

огнетушитель

accidente

несчастный случай

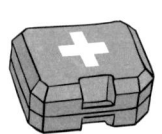

botiquín de primeros
auxilios

аптечка

SOS

SOS

policía

милиция

Europa

Европа

Norteamérica

Северная Америка

Sudamérica

Южная Америка

África

Африка

Asia

Азия

Australia

Австралия

Atlántico

Атлантический океан

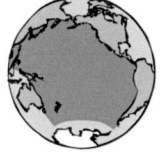

Pacífico

Тихий океан

Océano Índico

Индийский океан

Océano Antártico

Антарктический океан

Océano Ártico

Северный Ледовитый океан

polo norte

Северный полюс

polo sur

Южный полюс

Antártida

Антарктика

tierra

земля

tierra

суша

mar

море

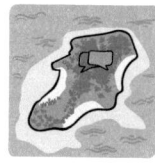

isla

остров

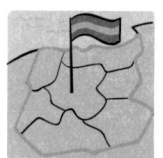

nación

нация

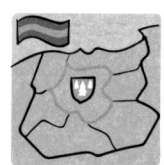

estado

государство

esfera

циферблат

manecilde las horas

часовая стрелка

minutero

минутная стрелка

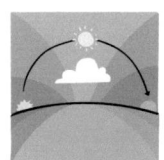

segundero

секундная стрелка

¿Qué hora es?

Который час?

día

день

hora

время

ahora

сейчас

reloj digital

электронные часы

minuto

минута

hora

час

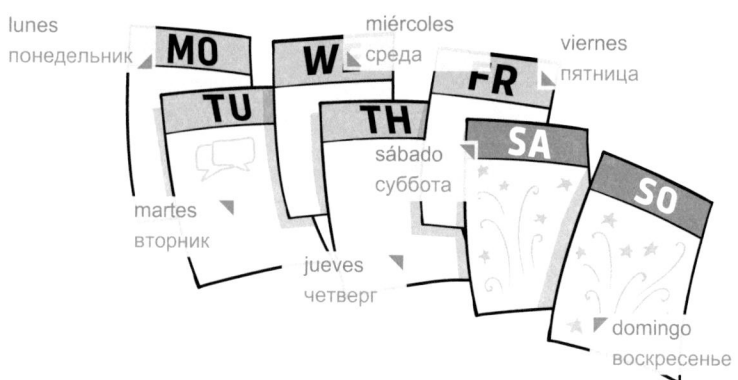

lunes
понедельник

miércoles
среда

viernes
пятница

sábado
суббота

martes
вторник

jueves
четверг

domingo
воскресенье

ayer

вчера

hoy

сегодня

mañana

завтра

mañana

утро

mediodía

полдень

tarde

вечер

MO	TU	WE	TH	FR	SA	SU
1	2	3	4	5	6	7
8	9	10	11	12	13	14
15	16	17	18	19	20	21
22	23	24	25	26	27	28
29	30	31	1	2	3	4

días laborables

рабочие дни

MO	TU	WE	TH	FR	SA	SU
1	2	3	4	5	6	7
8	9	10	11	12	13	14
15	16	17	18	19	20	21
22	23	24	25	26	27	28
29	30	31	1	2	3	4

fin de semana

выходные

lluvia
дождь

arco iris
радуга

nieve
снег

viento
ветер

primavera
весна

otoño
осень

verano
лето

invierno
зима

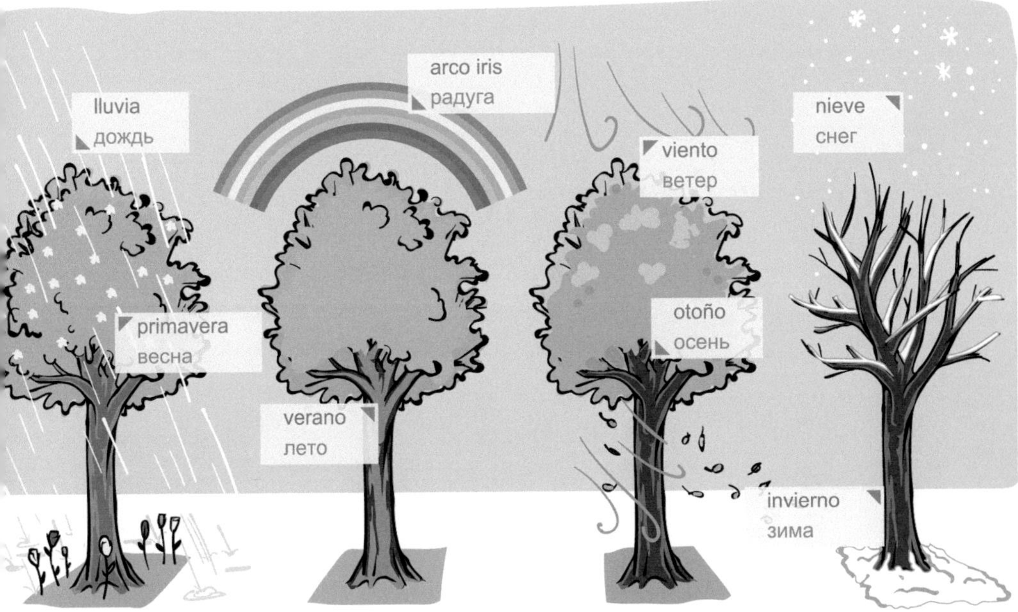

pronóstico dtiempo

прогноз погоды

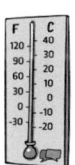

termómetro

термометр

sol

солнечный свет

nube

туча

niebla

туман

humedad

влажность воздуха

rayo

молния

trueno

гром

tormenta

буря

granizo

град

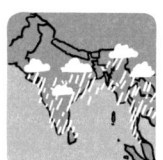

monzón

муссон

inundación

наводнение

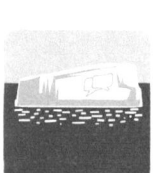

hielo

лёд

enero

январь

febrero

февраль

marzo

март

abril

апрель

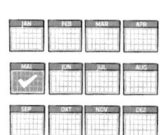

mayo

май

junio

июнь

julio

июль

agosto

август

año - год

septiembre
....
сентябрь

octubre
....
октябрь

noviembre
....
ноябрь

diciembre
....
декабрь

formas
формы

círculo
....
круг

cuadrado
....
квадрат

rectángulo
....
прямоугольник

triángulo
....
треугольник

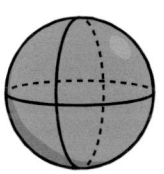

esfera
....
шар

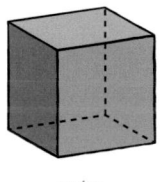

cubo
....
куб

blanco

белый

amarillo

желтый

naranja

оранжевый

rosa

розовый

rojo

красный

morado

лиловый

azul

синий

verde

зелёный

marrón

коричневый

gris

серый

negro

черный

mucho / poco

много / мало

enojado / tranquilo

яростный / мирный

bonito / feo

красивый / уродливый

principio / fin

начало / конец

grande / pequeño

большой / маленький

claro / oscuro

светлый / темный

hermano / hermana

брат / сестра

limpio / sucio

чистый / грязный

completo / incompleto

полный / неполный

día / noche

день / ночь

muerto / vivo

мёртвый / живой

ancho / angosto

широкий / узкий

comestible / no comestible

съедобный / несъедобный

malo / amable

злой / дружелюбный

entusiasmado / aburrido

взволнованный /
скучающий

gordo / delgado

толстый / худой

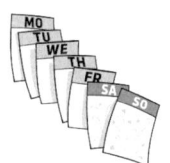

primero / último

сначала / в конце

amigo / enemigo

друг / враг

lleno / vacío

полный / пустой

duro / blando

твёрдый / мягкий

pesado / ligero

тяжёлый / легкий

hambre / sed

голод / жажда

enfermo / sano

больной / здоровый

ilegal / legal

незаконный / законный

inteligente / tonto

умный / глупый

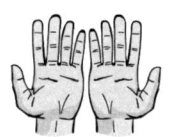

izquierda / derecha

слева / справа

cerca / lejos

близко / далеко

nuevo / usado

новый / подержанный

nada / algo

ничто / нечто

viejo / joven

старый / молодой

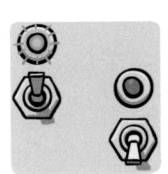

encendido / apagado

включено / выключено

abierto / cerrado

открыто / закрыто

silencioso / ruidoso

тихо / громко

rico / pobre

богатый / бедный

correcto / incorrecto

правильный /
неправильный

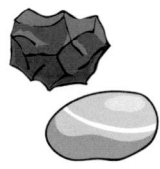

áspero / suave

шероховатый / гладкий

triste / contento

печальный / счастливый

corto / largo

короткий / длинный

lento / rápido

медленный / быстрый

húmedo / seco

мокрый / сухой

caliente / frío

тёплый / прохладный

guerra / paz

война / мир

0

cero

ноль

1

uno

один

2

dos

два

3

tres

три

4

cuatro

четыре

5

cinco

пять

6

seis

шесть

7

siete

семь

8

ocho

восемь

9

nueve

девять

10

diez

десять

11

once

одиннадцать

12

doce

двенадцать

13

trece

тринадцать

14

catorce

четырнадцать

15

quince

пятнадцать

16

dieciséis

шестнадцать

17

diecisiete

семнадцать

18

dieciocho

восемнадцать

19

diecinueve

девятнадцать

20

veinte

двадцать

100

cien

сто

1.000

mil

тысяча

1.000.000

millón

миллион

números - цифры

ЯЗЫКИ

inglés

английский

inglés americano

американский английский

chino mandarín

мандаринский китайский

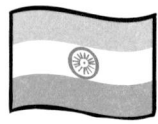

hindi

хинди

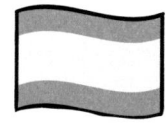

español

испанский

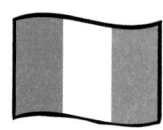

francés

французский

árabe

арабский

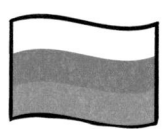

ruso

русский

portugués

португальский

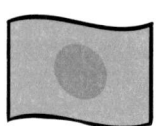

bengalí

бенгальский

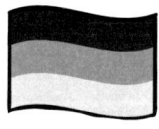

alemán

немецкий

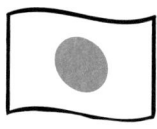

japonés

японский

yo

я

tú

ты

él / ella

он / она / оно

nosotros

мы

vosotros

вы

ellos

они

¿quién?

кто?

¿qué?

что?

¿cómo?

как?

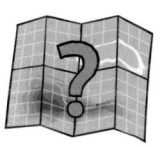

¿dónde?

где?

¿cuándo?

когда?

nombre

имя

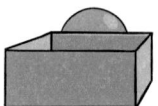

detrás

за

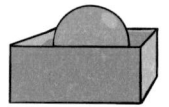

en

в

delante de

перед

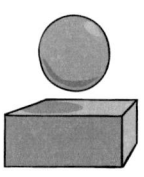

por encima de

над

sobre

на

debajo de

под

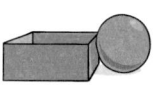

junto a

рядом

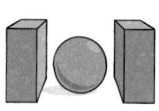

entre

между

lugar

место